¿Cómo he crecido?

Escrito por Mary Reid

Ilustrado por John Speirs

SCHOLASTIC INC.

New York   Toronto   London   Auckland   Sydney

Para Eva,
con amor y recuerdos.
– M. R.

Library of Congress Cataloging-in-Publication Data

Reid, Mary.
[How have I grown? Spanish]
Como he crecido? / escrito por Mary Reid ; ilustrado por John Speirs.
p. cm.
ISBN 0-590-49758-8
I. Speirs, John, ill. II. Title.
PZ73.R395 1994   93-46688
CIP
AC

Spanish version copyright © 1995 by Scholastic Inc.
Illustrations copyright © 1995 by Scholastic Inc.
All rights reserved. Published by Scholastic Inc.
555 Broadway, New York, NY   10012.
Printed in the U.S.A.

ISBN 0-590-29369-9

14 13 12 11   40   12 11

Primero fui un bebé.

Dormía mucho.

Lloraba cuando tenía hambre.

Chapoteaba cuando me bañaba.

Jugaba con mis juguetes.

Gateaba y trepaba.

Luego aprendí a caminar.

Hablaba
y escuchaba
cuentos.

Todavía era pequeña.
Llevaba pañales.
Hacía dos siestas al día.

Me gustaba el yogur, la compota
de manzana y el puré de plátanos.
Lo revolvía todo.

Un día mi nana dijo:
"¡Uy, cómo has crecido!"

Luego fui una niña pequeña.

Iba a la escuela.
No quería decir adiós.

Sabía vestirme sola.

Tenía mi propio cubículo.

Hacía rompecabezas y miraba libros.

Imaginaba y pintaba.

Algunas veces lo pasaba mal.
Me peleaba.

Otras veces lloraba.
No sabía compartir.

Comía sándwiches de
crema de cacahuete
y plátano.

Montaba en triciclo.
Trepaba en el laberinto.

Mi papá dijo: "¡Uy, cómo has crecido!"

¡Ahora soy una niña grande!

¡Voy al kindergarten!

Soy más alta.

Mis pies son
más grandes.

Mi chaqueta me
queda pequeña.

Construyo
con bloques.

Sé contar hasta diez.

Sé escribir mi nombre
y otras palabras también.

Sé medir y comparar.

Puedo ayudar a cuidar a *Bunty*.

¡Puedo inventar cuentos!

También puedo escuchar
los cuentos de mis amigos.

Puedo consolar a mi amiga.

Sé tomar turnos y compartir.

¡Uy, cómo he crecido!